Eichendorff
Hundert Gedichte

Joseph von Eichendorff

Hundert Gedichte

Parkland Verlag

Ausgewählt und zusammengestellt von
Walter Lewerenz

Illustrationen von Johannes K. G. Niedlich

ISBN 3-88059-256-X

Lizenzausgabe des Parkland Verlages, Stuttgart
3. Auflage, 1988
Schutzumschlag und Einband: Johannes K. G. Niedlich
Printed in the German Democratic Republic

Frühe

Im Osten graut's, der Nebel fällt,
Wer weiß, wie bald sich's rühret!
Doch schwer im Schlaf noch ruht die Welt,
Von allem nichts verspüret.

Nur eine frühe Lerche steigt,
Es hat ihr was geträumet
Vom Lichte, wenn noch alles schweigt,
Das kaum die Höhen säumet.

Die Lerche grüßt den ersten Strahl,
Daß er die Brust ihr zünde,
Wenn träge Nacht noch überall
Durchschleicht die tiefen Gründe.

Und du willst, Menschenkind, der Zeit
Verzagend unterliegen?
Was ist dein kleines Erdenleid?
Du mußt es überfliegen!

Der Morgen

Fliegt der erste Morgenstrahl
Durch das stille Nebeltal,
Rauscht erwachend Wald und Hügel:
Wer da fliegen kann, nimmt Flügel!

Und sein Hütlein in die Luft
Wirft der Mensch vor Lust und ruft:
„Hat Gesang doch auch noch Schwingen,
Nun, so will ich fröhlich singen!"

Hinaus, o Mensch, weit in die Welt,
Bangt dir das Herz in krankem Mut;
Nichts ist so trüb in Nacht gestellt,
Der Morgen leicht macht's wieder gut.

Die Sperlinge

Altes Haus mit deinen Löchern,
Geiz'ger Bauer, nun ade!
Sonne scheint, von allen Dächern
Tröpfelt lustig schon der Schnee,
Draußen auf dem Zaune munter
Wetzen unsre Schnäbel wir,
Durch die Hecken rauf und runter,
In dem Baume vor der Tür
Tummeln wir in hellen Haufen
Uns mit großem Kriegsgeschrei,
Um die Liebste uns zu raufen,
Denn der Winter ist vorbei!

Tusch

Fängt die Sonne an zu stechen,
Tapfer schießen Gras und Kräuter,
Und die Bäume schlagen aus:
Muß des Feinds Gewalt zerbrechen,
Nimmt der Winter schnell Reißaus,
Erd und Himmel glänzen heiter;
Und wir Musikanten fahren
Lustig auf dem Fluß hinunter,
Trommeln, pfeifen, blasen, geigen,
Und die Hörner klingen munter.

Frühlingsmarsch

Hoch über euren Sorgen
Sah ich vom Berg ins Land
Voll tausend guter Morgen,
Die Welt in Blüten stand.

Was zagt ihr träg und blöde?
Was schön ist, wird doch dein!
Die Welt tut nur so spröde
Und will erobert sein.

Laßt die Trompeten laden,
Durchs Land die Trommeln gehn,
Es wimmeln Kameraden,
Wo rechte Banner wehn.

Wir ziehn durch die Provinzen,
Da funkelt manches Schloß,
Schön' Lieb, hol dich vom Zwinger
Und schwing dich mit aufs Roß!

Und wenn das Blühen endet:
Noch taumelnd sprengen wir,
Vom Abendrot geblendet,
Ins letzte Nachtquartier.

Der wandernde Student

Bei dem angenehmsten Wetter
Singen alle Vögelein,
Klatscht der Regen auf die Blätter,
Sing ich so für mich allein.

Denn mein Aug' kann nichts entdecken,
Wenn der Blitz auch grausam glüht,
Was im Wandern könnt erschrecken
Ein zufriedenes Gemüt.

Frei von Mammon will ich schreiten
Auf dem Feld der Wissenschaft,
Sinne ernst und nehm zuzeiten
Einen Mund voll Rebensaft.

Bin ich müde vom Studieren,
Wann der Mond tritt sanft herfür,
Pfleg ich dann zu musizieren
Vor der Allerschönsten Tür.

Vor der Stadt

Zwei Musikanten ziehn daher
Vom Wald aus weiter Ferne,
Der eine ist verliebt gar sehr,
Der andre wär es gerne.

Die stehn allhier im kalten Wind
Und singen schön und geigen:
Ob nicht ein süß verträumtes Kind
Am Fenster sich wollt zeigen?

Frühlingsnacht

Übern Garten durch die Lüfte
Hört ich Wandervögel ziehn,
Das bedeutet Frühlingsdüfte,
Unten fängt's schon an zu blühn.

Jauchzen möcht ich, möchte weinen,
Ist mir's doch, als könnt's nicht sein!
Alte Wunder wieder scheinen
Mit dem Mondesglanz herein.

Und der Mond, die Sterne sagen's,
Und in Träumen rauscht's der Hain,
Und die Nachtigallen schlagen's:
Sie ist Deine, sie ist dein!

Der Bote

Am Himmelsgrund schießen
So lustig die Stern',
Dein Schatz läßt dich grüßen
Aus weiter, weiter Fern'!

Hat eine Zither gehangen
An der Tür unbeacht',
Der Wind ist gegangen
Durch die Saiten bei Nacht.

Schwang sich auf dann vom Gitter
Über die Berge, übern Wald –
Mein Herz ist die Zither,
Gibt ein'n fröhlichen Schall.

Der Polack

Und komm ich, komm ich ohne Pelz,
Mein' Liebste fragt mich aus:
Wo hast du lassen deinen Pelz?
Und macht sich doch nichts draus.

Da drüben ist gut Schnaps und Bier,
Der Wirt bläst Klarinett,
Da stritten wir, drei oder vier,
Wer 's schönste Liebchen hätt.

Ich aber trank aus deinem Schuh,
Ließ meinen Pelz im Haus
Und eine Handvoll Haar' dazu,
Ich mach mir gar nichts draus.

Der Winzer

Es hat die Nacht geregnet,
Es zog noch grau ins Tal,
Und ruhten still gesegnet
Die Felder überall;
Von Lüften kaum gefächelt,
Durchs ungewisse Blau
Die Sonne verschlafen lächelt'
Wie eine wunderschöne Frau.

Nun sah ich auch sich heben
Aus Nebeln unser Haus,
Du dehntest zwischen den Reben
Dich von der Schwelle hinaus,
Da funkelt' auf einmal vor Wonne
Der Strom und Wald und Au' –
Du bist mein Morgen, meine Sonne,
Meine liebe, verschlafene Frau!

Die Kleine

Zwischen Bergen, liebe Mutter,
Weit den Wald entlang,
Reiten da drei junge Jäger
Auf drei Rößlein blank,
lieb' Mutter,
Auf drei Rößlein blank.

Ihr könnt fröhlich sein, lieb' Mutter,
Wird es draußen still:
Kommt der Vater heim vom Walde,
Küßt Euch, wie er will,
lieb' Mutter,
Küßt Euch, wie er will.

Und *ich* werfe mich im Bettchen
Nachts ohn' Unterlaß,
Kehr mich links und kehr mich rechts hin,
Nirgends hab ich was,
lieb' Mutter,
Nirgends hab ich was.

Bin ich eine Frau erst einmal,
In der Nacht dann still
Wend ich mich nach allen Seiten,
Küß, soviel ich will,
lieb' Mutter,
Küß, soviel ich will.

Verschwiegene Liebe

Über Wipfel und Saaten
In den Glanz hinein –
Wer mag sie erraten,
Wer holte sie ein?
Gedanken sich wiegen,
Die Nacht ist verschwiegen,
Gedanken sind frei.

Errät' es nur eine,
Wer an sie gedacht
Beim Rauschen der Haine,
Wenn niemand mehr wacht
Als die Wolken, die fliegen –
Mein Lieb ist verschwiegen
Und schön wie die Nacht.

Die Welt ruht still im Hafen

Die Welt ruht still im Hafen,
Mein Liebchen, gute Nacht!
Wann Wald und Berge schlafen,
Treu' Liebe einsam wacht.

Ich bin so wach und lustig,
Die Seele ist so licht,
Und eh ich liebt, da wußt ich
Von solcher Freude nicht.

Ich fühl mich so befreiet
Von eitlem Trieb und Streit,
Nichts mehr das Herz zerstreuet
In seiner Fröhlichkeit.

Mir ist, als müßt ich singen
So recht aus tiefster Lust
Von wunderbaren Dingen,
Was niemand sonst bewußt.

O könnt ich alles sagen!
O wär ich recht geschickt!
So muß ich still ertragen,
Was mich so hoch beglückt.

Die Stille

Es weiß und rät es doch keiner,
Wie mir so wohl ist, so wohl!
Ach, wüßt es nur Einer, nur Einer,
Kein Mensch es sonst wissen sollt!

So still ist's nicht draußen im Schnee,
So stumm und verschwiegen sind
Die Sterne nicht in der Höhe,
Als meine Gedanken sind.

Ich wünscht, es wäre schon Morgen,
Da fliegen zwei Lerchen auf,
Die überfliegen einander,
Mein Herze folgt ihrem Lauf.

Ich wünscht, ich wäre ein Vöglein
Und zöge über das Meer,
Wohl über das Meer und weiter,
Bis daß ich im Himmel wär!

Die Nachtblume

Nacht ist wie ein stilles Meer,
Lust und Leid und Liebesklagen
Kommen so verworren her
In dem linden Wellenschlagen.

Wünsche wie die Wolken sind,
Schiffen durch die stillen Räume,
Wer erkennt im lauen Wind,
Ob's Gedanken oder Träume? –

Schließ ich nun auch Herz und Mund,
Die so gern den Sternen klagen:
Leise doch im Herzensgrund
Bleibt das linde Wellenschlagen.

Wehmut

Ich kann wohl manchmal singen,
Als ob ich fröhlich sei,
Doch heimlich Tränen dringen,
Da wird das Herz mir frei.

So lassen Nachtigallen,
Spielt draußen Frühlingsluft,
Der Sehnsucht Lied erschallen
Aus ihres Käfigs Gruft.

Da lauschen alle Herzen,
Und alles ist erfreut,
Doch keiner fühlt die Schmerzen,
Im Lied das tiefe Leid.

Der Gärtner

Wohin ich geh und schaue,
In Feld und Wald und Tal,
Vom Berg hinab in die Aue:
Vielschöne, hohe Fraue,
Grüß ich dich tausendmal.

In meinem Garten find ich
Viel Blumen, schön und fein,
Viel Kränze wohl draus wind ich,
Und tausend Gedanken bind ich
Und Grüße mit darein.

Ihr darf ich keinen reichen,
Sie ist zu hoch und schön,
Die müssen alle verbleichen,
Die Liebe nur ohnegleichen
Bleibt ewig im Herzen stehn.

Ich schein wohl froher Dinge
Und schaffe auf und ab,
Und, ob das Herz zerspringe,
Ich grabe fort und singe
Und grab mir bald mein Grab.

Jahrmarkt

Sind's die Häuser, sind's die Gassen?
Ach, ich weiß nicht, wo ich bin!
Hab ein Liebchen hier gelassen,
Und manch Jahr ging seitdem hin.

Aus den Fenstern schöne Frauen
Sehn mir freundlich ins Gesicht,
Keine kann so frischlich schauen,
Als mein liebes Liebchen sicht.

An dem Hause poch ich bange –
Doch die Fenster stehen leer,
Ausgezogen ist sie lange,
Und es kennt mich keiner mehr.

Und ringsum ein Rufen, Handeln,
Schmucke Ware, bunter Schein,
Herrn und Damen gehn und wandeln
Zwischendurch in bunten Reihn.

Zierlich Bücken, freundlich Blicken,
Manches flücht'ge Liebeswort,
Händedrücken, heimlich Nicken –
Nimmt sie all der Strom mit fort.

Und mein Liebchen sah ich eben
Traurig in dem lust'gen Schwarm,
Und ein schöner Herr daneben
Führt' sie stolz und ernst am Arm.

Doch verblaßt war Mund und Wange,
Und gebrochen war ihr Blick,
Seltsam schaut' sie stumm und lange,
Lange noch auf mich zurück. –

Und es endet Tag und Scherzen,
Durch die Gassen pfeift der Wind –
Keiner weiß, wie unsre Herzen
Tief von Schmerz zerrissen sind.

Die Hochzeitsänger

Fernher ziehn wir durch die Gassen,
Stehn im Regen und im Wind,
Wohl von aller Welt verlassen
Arme Musikanten sind.
    Aus den Fenstern Geigen klingen,
    Schleift und dreht sich's bunt und laut,
    Und wir Musikanten singen
    Draußen da der reichen Braut.

Wollt sie doch keinen andern haben,
Ging mit mir durch Wald und Feld,
Prächtig in den blauen Tagen
Schien die Sonne auf die Welt.
    Heisa: lustig Drehn und Ringen,
    Jeder hält sein Liebchen warm,
    Und wir Musikanten singen
    Lustig so, daß Gott erbarm.

Lachend reicht man uns die Neigen,
Auf ihr Wohlsein trinken wir;

Wollt sie sich am Fenster zeigen,
's wäre doch recht fein von ihr.
  Und wir fiedeln und wir singen
  Manche schöne Melodei,
  Daß die besten Saiten springen,
  's war, als spräng mir 's Herz entzwei.

Jetzt ist Schmaus und Tanz zerstoben,
Immer stiller wird's im Haus,
Und die Mägde putzen oben
Alle lust'gen Kerzen aus.
  Doch wir blasen recht mit Rasen
  Jeder in sein Instrument,
  Möcht in meinem Grimm ausblasen
  Alle Stern' am Firmament!

Und am Hause seine Runde
Tritt der Wächter gähnend an,
Rufet aus die Schlafensstunde
Und sieht ganz erbost uns an.
  Doch nach ihrem Kabinette
  Schwing ich noch mein Tamburin,
  Fahr wohl in dein Himmelbette,
  Weil wir müssen weiterziehn!

Seemanns Abschied

Ade, mein Schatz, du mocht'st mich nicht,
Ich war dir zu geringe.
Einst wandelst du bei Mondenlicht
Und hörst ein süßes Klingen,
Ein Meerweib singt, die Nacht ist lau,
Die stillen Wolken wandern,
Da denk an mich, 's ist meine Frau,
Nun such dir einen andern!

Ade, ihr Landsknecht', Musketier'!
Wir ziehn auf wildem Rosse,
Das bäumt und überschlägt sich schier
Vor manchem Felsenschlosse,
Der Wassermann bei Blitzesschein
Taucht auf in dunklen Nächten,
Der Haifisch schnappt, die Möwen schrein –
Das ist ein lust'ges Fechten!

Streckt nur auf eurer Bärenhaut
Daheim die faulen Glieder,

Gottvater aus dem Fenster schaut,
Schickt seine Sündflut wieder,
Feldwebel, Reiter, Musketier,
Sie müssen all ersaufen,
Derweil mit frischem Winde wir
Im Paradies einlaufen.

An die Waldvögel

Konnt mich auch sonst mit schwingen
Übers grüne Revier,
Hatt ein Herze zum Singen
Und Flügel wie ihr.

Flog über die Felder,
Da blüht' es wie Schnee,
Und herauf durch die Wälder
Spiegelt' die See.

Ein Schiff sah ich gehen
Fort über das Meer,
Meinen Liebsten drin stehen –
Dacht meiner nicht mehr.

Und die Segel verzogen,
Und es dämmert' das Feld,
Und ich hab mich verflogen
In der weiten, weiten Welt.

Parole

Sie stand wohl am Fensterbogen
Und flocht sich traurig ihr Haar,
Der Jäger war fortgezogen,
Der Jäger ihr Liebster war.

Und als der Frühling gekommen,
Die Welt war von Blüten verschneit,
Da hat sie ein Herz sich genommen
Und ging in die grüne Heid'.

Sie legt das Ohr an den Rasen,
Hört ferner Hufe Klang –
Das sind die Rehe, die grasen
Am schattigen Bergeshang.

Und abends die Wälder rauschen,
Von fern nur fällt noch ein Schuß,
Da steht sie stille, zu lauschen:
„Das war meines Liebsten Gruß!"

Da sprangen vom Fels die Quellen,
Da flogen die Vöglein ins Tal.
„Und wo ihr ihn trefft, ihr Gesellen,
Grüßt mir ihn tausendmal!"

Neue Liebe

Herz, mein Herz, warum so fröhlich,
So voll Unruh' und zerstreut,
Als käm über Berge selig
Schon die schöne Frühlingszeit?

Weil ein liebes Mädchen wieder
Herzlich an dein Herz sich drückt,
Schaust du fröhlich auf und nieder,
Erd und Himmel dich erquickt.

Und ich hab die Fenster offen,
Neu zieh in die Welt hinein
Altes Bangen, altes Hoffen!
Frühling, Frühling soll es sein!

Still kann ich hier nicht mehr bleiben,
Durch die Brust ein Singen irrt,
Doch zu licht ist's mir zum Schreiben,
Und ich bin so froh verwirrt.

Also schlendr' ich durch die Gassen,
Menschen gehen her und hin,
Weiß nicht, was ich tu und lasse,
Nur, daß ich so glücklich bin.

Anklänge

Liebe, wunderschönes Leben,
Willst du wieder mich verführen,
Soll ich wieder Abschied geben
Fleißig ruhigem Studieren?

Offen stehen Fenster, Türen,
Draußen Frühlingsboten schweben,
Lerchen schwirrend sich erheben,
Echo will im Wald sich rühren.

Wohl, da hilft kein Widerstreben,
Tief im Herzen muß ich's spüren:
Liebe, wunderschönes Leben,
Wieder wirst du mich verführen!

Zur Hochzeit

Was das für ein Gezwitscher ist!
Durchs Blau die Schwalben zucken
Und schrein: „Sie haben sich geküßt!"
Vom Baum Rotkehlchen gucken.

Der Storch stolziert von Bein zu Bein:
„Da muß ich fischen gehen –"
Der Abend wie im Traum darein
Schaut von den stillen Höhen.

Und wie im Traume von den Höhen
Seh ich nachts meiner Liebsten Haus,
Die Wolken darüber gehen
Und löschen die Sterne aus.

Die Schärpe

Mein Schatz, das ist ein kluges Kind,
Die spricht: „Willst du nicht fechten:
Wir zwei geschiedne Leute sind;
Erschlagen dich die Schlechten:
Auch keins von beiden dran gewinnt."
Mein Schatz, das ist ein kluges Kind,
Für die will ich *leben* und fechten!

Übermut

Ein' Gems' auf dem Stein,
Ein' Vogel im Flug,
Ein Mädel, das klug,
Kein Bursch holt die ein.

Lieber alles

Soldat sein ist gefährlich,
Studieren sehr beschwerlich,
Das Dichten süß und zierlich,
Der Dichter gar possierlich
In diesen wilden Zeiten.
Ich möcht am liebsten reiten,
Ein gutes Schwert zur Seiten,
Die Laute in der Rechten,
Studentenherz zum Fechten.
Ein wildes Roß ist 's Leben,
Die Hufe Funken geben,
Wer's ehrlich wagt, bezwingt es,
Und wo es tritt, da klingt es!

Spaziergang

Ochse, wie bist du so stattlich, bedachtsam, fleißig
und nützlich!
Wahrlich, ich brauche dich sehr – aber du bist
doch ein Ochs!

Ho da! Kartoffeln und ihr, ökonomische Knollen-
gewächse,
Schreiten kaum kann man; gemach! macht euch
nicht gar zu sehr breit.

Grüß dich, Klatschrose und Gänseblum', Butter-
blum', ländliches Völkchen,
Schmucklos und ohne Geruch, unschuldig –
weiter sonst nichts? –

Nelke, du reizendes Kind, wie hast du so gar nichts Bescheidnes!
Jauchzende Farben voll Lust flammst du ins traurige Grün,

Tief von den eigenen Düften du selber lustig berauschet,
Spiele denn, brenne, von dir laß ich berauschen mich gern!

Blonder Ritter

Blonder Ritter, blonder Ritter,
Deine Blicke, weltschmerzdunkel,
Statt durch Helmes Eisengitter,
Durch die Brille gläsern funkeln.

Hinterm Ohre, statt vom Leder,
Zornig mit verwegner Finte
Ziehst du statt des Schwerts die Feder,
Und statt Blutes fließet Tinte.

Federspritzeln, Ehr' beklecksen,
Ungeheueres Geschnatter!
Wilde Recken, wilde Recken,
Trampelt nicht die Welt noch platter.

Der Bürgermeister

Hochweiser Rat, geehrte Kollegen!
Bevor wir uns heut aufs Raten legen,
Bitt ich, erst reiflich zu erwägen:
Ob wir vielleicht, um Zeit zu gewinnen,
Heut sogleich mit dem Raten beginnen
Oder ob wir erst proponieren müssen,
Was uns versammelt und was wir alle wissen? –

Ich muß pflichtgemäß voranschicken hierbei,
Daß die Art der Geschäfte zweierlei sei:
Die einen sind die eiligen,
Die andern die langweiligen.
Auf jene pfleg ich cito zu schreiben,
Die andern können liegenbleiben.
Die liegenden aber, geehrte Brüder,
Zerfallen in wicht'ge und höchstwicht'ge wieder.
Bei jenen – nun – man wird verwegen,
Man schreibt nach amtlichem Überlegen
More solito hier, und dort ad acta,
Diener rennen, man flucht, verpackt da,
Der Staat floriert und bleibt im Takt da,
Doch werden die Zeiten so ungeschliffen,
Wild umzuspringen mit den Begriffen,

Kommt gar, wie heute, ein Fall, der eilig
Und doch höchstwichtig zugleich – dann freilich
Muß man von neuem unterscheiden:
Ob er mehr eilig oder mehr wichtig. –
Ich bitte, meine Herrn, verstehn Sie mich richtig!
Der Punkt ist von Einfluß. Denn wir vermeiden
Die species facti, wie billig, sofort,
Find't sich der Fall mehr eilig als liegend.
Ist aber das Wichtige überwiegend,
Wäre die Eile am unrechten Ort.
Meine Herren, Sie haben nun die Prämissen,
Sie werden den Beschluß zu finden wissen.

Spruch

Bau nur auf Weltgunst recht
Und paß auf jeden Wink und Gruß,
Wirst dabei nimmer fröhlich werden!
Es hat's kein Hund so schlecht,
Der hinter seinen Herren muß,
Nicht frei spazieren kann auf Erden.

Kriegslied

Nicht mehr in Waldesschauern
An jäher Klüfte Rand,
Wo dunkle Tannen trauern,
Siehst du die Brut mehr lauern
Auf wüster Felsenwand.

Die Greifen nicht mehr fliegen,
Lindwürm' auf heißem Sand
Nicht mehr mit Löwen kriegen,
Auf ihren Bäuchen liegen
Die Drachen im platten Land.

Doch wo das Leben schimmelt,
So weit man reisen kann,
Von Würmern es noch wimmelt,
Und was auf Erden himmelt,
Sie hauchen's giftig an.

Noch halten sie in Schlingen
Die wunderschöne Braut,
Bei Nacht hört man ihr Singen
Die stille Luft durchdringen
Mit tiefem Klagelaut.

Das ist die Brut der Natter,
Die immer neu entstand:
Philister und ihre Gevatter,
Die machen groß Geschnatter
Im deutschen Vaterland.

Sankt Georg, du blanker Streiter,
Leg deine Lanze ein,
Und wo ein wackrer Reiter,
Dem noch das Herz wird weiter,
Der steche frisch mit drein!

Die Lerche

Ich kann hier nicht singen,
Aus dieser Mauern dunklen Ringen
Muß ich mich schwingen
Vor Lust und tiefem Weh.
O Freude, in klarer Höh'
Zu sinken und sich zu heben,
In Gesang
Über die grüne Erde dahinzuschweben,
Wie unten die licht' und dunkeln Streifen
Wechselnd im Fluge vorüberschweifen,
Aus der Tiefe ein Wirren und Rauschen und Häm-
mern,
Die Erde aufschimmernd im Frühlingsdämmern,
Wie ist die Welt so voller Klang!
Herz, was bist du bang?
Mußt aufwärts dringen!
Die Sonne tritt hervor.
Wie glänzen mir Brust und Schwingen,
Wie still und weit ist's droben am Himmelstor!

Der Unverbesserliche

Ihr habt den Vogel gefangen,
Der war so frank und frei,
Nun ist ihm 's Fliegen vergangen,
Der Sommer ist lange vorbei.

Es liegen wohl Federn neben
Und unter und über mir,
Sie können mich alle nicht heben
Aus diesem Meer von Papier.

Papier! wie hör ich dich schreien,
Da alles die Federn schwenkt
In langen, emsigen Reihen –
So wird der Staat nun gelenkt.

Mein Fenster am Pulte steht offen,
Der Sonnenschein schweift übers Dach,
Da wird so uraltes Hoffen
Und Wünschen im Herzen wach.

Die lustigen Kameraden,
Lerchen, Quellen und Wald,
Sie rauschen schon wieder und laden:
Geselle, kommst du nicht bald?

Und wie ich durch die Gardinen
Hinaussah in keckem Mut,
Da hör ich lachen im Grünen,
Ich kannte das Stimmlein recht gut.

Und wie ich hinaustrat zur Schwelle,
Da blühten die Bäume schon all,
Und Liebchen, so frühlingshelle,
Saß drunter beim Vogelschall.

Und eh wir uns beide besannen,
Da wiehert' das Flügelroß –
Wir flogen selbander von dannen,
Daß es unten die Schreiber verdroß.

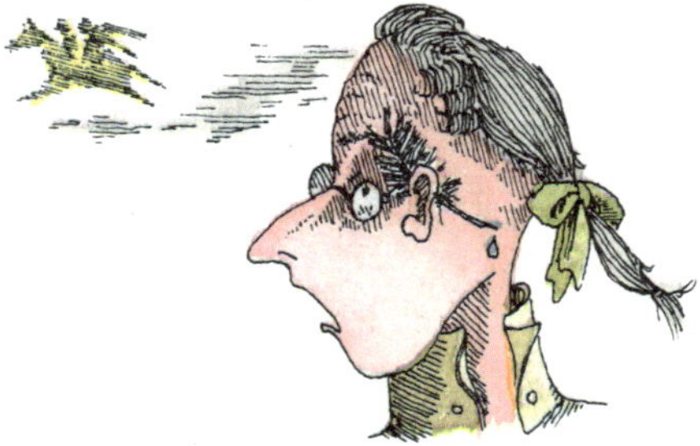

Der Wegelagerer

Es ist ein Land, wo die Philister thronen,
Die Krämer fahren und das Grün verstauben,
Die Liebe selber altklug feilscht mit Hauben –
Herr Gott, wie lang willst du die Brut verschonen!

Es ist ein Wald, der rauscht mit grünen Kronen,
Wo frei die Adler horsten und die Tauben
Unschuldig girren in den kühlen Lauben,
Die noch kein Fuß betrat – dort will ich wohnen!

Dort will ich nächtlich auf die Krämer lauern
Und kühn zerhaun der armen Schönheit Bande,
Die sie als niedre Magd zu Markte führen.

Hoch soll sie stehn auf grünen Felsenmauern,
Daß mahnend über alle stillen Lande
Die Lüfte nachts ihr Zauberlied verführen.

Wandernder Dichter

Ich weiß nicht, was das sagen will!
Kaum tret ich von der Schwelle still,
Gleich schwingt sich eine Lerche auf
Und jubiliert durchs Blau vorauf.

Das Gras ringsum, die Blumen gar
Stehn mit Juwelen und Perl'n im Haar,
Die schlanken Pappeln, Busch und Saat
Verneigen sich im größten Staat.

Als Bot' voraus das Bächlein eilt,
Und wo der Wind die Wipfel teilt,
Die Au' verstohlen nach mir schaut,
Als wär sie meine liebe Braut.

Ja, komm ich müd ins Nachtquartier,
Die Nachtigall noch vor der Tür
Mir Ständchen bringt, Glühwürmchen bald
Illuminieren rings den Wald.

Umsonst! Das ist nun einmal so,
Kein Dichter reist inkognito,
Der lust'ge Frühling merkt es gleich,
Wer König ist in seinem Reich.

Der wandernde Musikant

Mürrisch sitzen sie und maulen
Auf den Bänken stumm und breit,
Gähnend strecken sich die Faulen,
Und die Kecken suchen Streit.

Da komm ich durchs Dorf geschritten
Fernher durch den Abend kühl,
Stell mich in des Kreises Mitten,
Grüß und zieh mein Geigenspiel.

Und wie ich den Bogen schwenke,
Ziehn die Klänge in der Rund'
Allen recht durch die Gelenke
Bis zum tiefsten Herzensgrund.

Und nun geht's ans Gläserklingen,
An ein Walzen um und um,
Je mehr ich streich, je mehr sie springen,
Keiner fragt erst lang: warum? –

Jeder will dem Geiger reichen
Nun sein Scherflein auf die Hand –
Da vergeht ihm gleich sein Streichen,
Und fort ist der Musikant.

Und sie sehn ihn fröhlich steigen
Nach den Waldeshöhn hinaus,
Hören ihn von fern noch geigen
Und gehn all vergnügt nach Haus.

Doch in Waldes grünen Hallen
Rast ich dann noch manche Stund',
Nur die fernen Nachtigallen
Schlagen tief aus nächt'gem Grund.

Und es rauscht die Nacht so leise
Durch die Waldeseinsamkeit,
Und ich sinn auf neue Weise,
Die der Menschen Herz erfreut.

An L …

Mit vielem will die Heimat mich erfreuen,
Ein heitres Schloß an blaugewundnem Flusse,
Gesell'ge Lust, Mutwill und frohe Muße,
Der Liebe heitres Spiel, süß zu zerstreuen.

Doch wie die Tage freundlich sich erneuen,
Fehlt doch des Freundes Brust in Tat und Muße,
Der Ernst, der herrlich schwelget im Genusse,
Des reichen Blicks sich wahr und recht zu freuen.

Wo zwei sich treulich nehmen und ergänzen,
Wächst unvermerkt das freud'ge Werk der Musen.
Drum laß mich wieder, Freund, ans Herz dich
drücken!

Uns beide will noch schön das Leben schmücken
Mit seinen reichen, heitern, vollen Kränzen,
Der Morgenwind wühlt um den offnen Busen!

Sonett

Nicht Träume sind's und leere Wahngesichte,
Was von dem Volk den Dichter unterscheidet.
Was er inbrünstig bildet, liebt und leidet,
Es ist des Lebens wahrhafte Geschichte.

Er fragt nicht viel, wie ihn die Menge richte,
Der eignen Ehr' nur in der Brust vereidet;
Denn wo begeistert er die Blicke weidet,
Grüßt ihn der Weltkreis mit verwandtem Lichte.

Die schöne Mutter, die ihn hat geboren,
Den Himmel liebt er, der ihn auserkoren,
Läßt beide Haupt und Brust sich heiter schmücken.

Die Menge selbst, die herbraust, ihn zu fragen,
Nach seinem Recht, muß den Beglückten tragen,
Als Element ihm bietend ihren Rücken.

Toast

Auf das Wohlsein der Poeten,
Die nicht schillern und nicht goethen,
Durch die Welt in Lust und Nöten
Segelnd frisch auf eignen Böten!

Dichterlos

Für alle muß vor Freuden
Mein treues Herze glühn,
Für alle muß ich leiden,
Für alle muß ich blühn,
Und wenn die Blüten Früchte haben,
Da haben sie mich längst begraben.

Trost

Es haben viel Dichter gesungen
Im schönen deutschen Land,
Nun sind ihre Lieder verklungen,
Die Sänger ruhen im Sand.

Aber solange noch kreisen
Die Stern' um die Erde rund,
Tun Herzen in neuen Weisen
Die alte Schönheit kund.

Im Walde da liegt verfallen
Der alten Helden Haus,
Doch aus den Toren und Hallen
Bricht jährlich der Frühling aus.

Und wo immer müde Fechter
Sinken im mutigen Strauß,
Es kommen frische Geschlechter
Und fechten es ehrlich aus.

Der Soldat

Wagen mußt du und flüchtig erbeuten,
Hinter uns schon durch die Nacht hör ich's
schreiten,
Schwing auf mein Roß dich nur schnell
Und küß noch im Flug mich, wildschönes Kind,
Geschwind,
Denn der Tod ist ein rascher Gesell.

Der Sturm geht lärmend um das Haus,
Ich bin kein Narr und geh hinaus,
Aber bin ich eben draußen,
Will ich mich wacker mit ihm zausen.

Wechsel

Es fällt nichts vor, mir fällt nichts ein,
Ich glaub, die Welt steht still,
Die Zeit tritt auf so leis und fein,
Man weiß nicht, was sie will.

Auf einmal rührt sich's dort und hier –
Was das bedeuten mag?
Es ist, als hört'st du über dir
Einen frischen Flügelschlag.

Rasch steigen dunkle Wetter auf,
Schon blitzt's und rauscht die Rund',
Der lust'ge Sturmwind fliegt vorauf –
Da atm' ich aus Herzensgrund.

Der Riese

Es saß ein Mann gefangen
Auf einem hohen Turm,
Die Wetterfähnlein klangen
Gar seltsam in den Sturm.

Und draußen hört' er ringen
Verworrner Ströme Gang,
Dazwischen Vöglein singen
Und heller Waffen Klang.

Ein Liedlein scholl gar lustig:
Heisa, solang Gott will!
Und wilder Menge Tosen;
Dann wieder totenstill.

So tausend Stimmen irren,
Wie Wind' im Meere gehn,
Sich teilen und verwirren,
Er konnte nichts verstehn.

Doch spürt' er, wer ihn grüße,
Mit Schaudern und mit Lust,
Es rührt' ihm wie ein Riese
Das Leben an die Brust.

Sängerfahrt

Kühl rauschend unterm hellen
Tiefblauen Himmelsdom
Treibt seine klaren Wellen
Der ew'gen Jugend Strom.

Viel rüstige Gesellen,
Den Argonauten gleich,
Sie fahren auf den Wellen
Ins duft'ge Frühlingsreich.

Ich aber faß den Becher,
Daß es durchs Schiff erklingt,
Am Mast steh ich als Sprecher,
Der für euch alle singt.

Wie stehn wir hier so helle!
Wird mancher bald schlafen gehn,
O Leben, wie bist du schnelle,
O Leben, wie bist du schön!

Gegrüßt, du weite Runde,
Burg auf der Felsenwand,
Du Land voll großer Kunde,
Mein grünes Vaterland!

Euch möcht ich alles geben,
Und ich bin fürstlich reich,
Mein Herzblut und mein Leben,
Ihr Brüder, alles für euch!

So fahrt im Morgenschimmer!
Sei's Donau oder Rhein,
Ein rechter Strom bricht immer
Ins ew'ge Meer hinein.

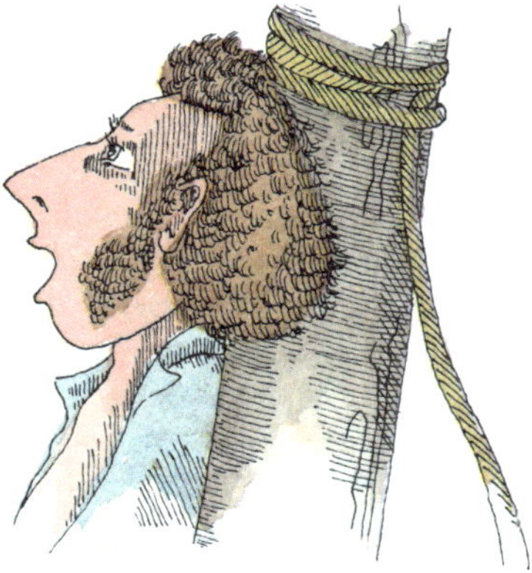

Die zwei Gesellen

Es zogen zwei rüst'ge Gesellen
Zum erstenmal von Haus,
So jubelnd recht in die hellen,
Klingenden, singenden Wellen
Des vollen Frühlings hinaus.

Die strebten nach hohen Dingen,
Die wollten, trotz Lust und Schmerz,
Was Recht's in der Welt vollbringen,
Und wem sie vorüber gingen,
Dem lachten Sinnen und Herz. –

Der erste, der fand ein Liebchen,
Die Schwieger kauft' Hof und Haus;
Der wiegte gar bald ein Bübchen
Und sah aus heimlichem Stübchen
Behaglich ins Feld hinaus.

Dem zweiten sangen und logen
Die tausend Stimmen im Grund,
Verlockend' Sirenen, und zogen
Ihn in der buhlenden Wogen
Farbig klingenden Schlund.

Und wie er auftaucht' vom Schlunde,
Da war er müde und alt,
Sein Schifflein, das lag im Grunde,
So still war's rings in die Runde,
Und über die Wasser weht's kalt.

Es singen und klingen die Wellen
Des Frühlings wohl über mir;
Und seh ich so kecke Gesellen,
Die Tränen im Auge mir schwellen –
Ach Gott, führ uns liebreich zu Dir!

Lockung

Hörst du nicht die Bäume rauschen
Draußen durch die stille Rund'?
Lockt's dich nicht, hinabzulauschen
Von dem Söller in den Grund,
Wo die vielen Bäche gehen
Wunderbar im Mondenschein
Und die stillen Schlösser sehen
In den Fluß vom hohen Stein?

Kennst du noch die irren Lieder
Aus der alten, schönen Zeit?
Sie erwachen alle wieder
Nachts in Waldeseinsamkeit,
Wenn die Bäume träumend lauschen
Und der Flieder duftet schwül
Und im Fluß die Nixen rauschen –
Komm herab, hier ist's so kühl.

Wünschelrute

Schläft ein Lied in allen Dingen,
Die da träumen fort und fort,
Und die Welt hebt an zu singen,
Triffst du nur das Zauberwort.

Eldorado

Es ist von Klang und Düften
Ein wunderbarer Ort,
Umrankt von stillen Klüften,
Wir alle spielten dort.

Wir alle sind verirret,
Seitdem so weit hinaus
Unkraut die Welt verwirret,
Find't keiner mehr nach Haus.

Doch manchmal taucht's aus Träumen,
Als läg es weit im Meer,
Und früh noch in den Bäumen
Rauscht's wie ein Grüßen her.

Ich hört den Gruß verfliegen,
Ich folgt ihm über Land
Und hatte mich verstiegen
Auf hoher Felsenwand.

Mein Herz ward mir so munter,
Weit hinten alle Not,
Als ginge jenseits unter
Die Welt in Morgenrot.

Der Wind spielt' in den Locken,
Da blitzt' es drunten weit,
Und ich erkannt erschrocken
Die alte Einsamkeit.

Nun jeden Morgenschimmer
Steig ich ins Blütenmeer,
Bis ich Glücksel'ger nimmer
Von dorten wiederkehr.

Der alte Garten

Kaiserkron' und Päonien rot,
Die müssen verzaubert sein,
Denn Vater und Mutter sind lange tot,
Was blühn sie hier so allein?

Der Springbrunn plaudert noch immerfort
Von der alten schönen Zeit,
Eine Frau sitzt eingeschlafen dort,
Ihre Locken bedecken ihr Kleid.

Sie hat eine Laute in der Hand,
Als ob sie im Schlafe spricht,
Mir ist, als hätt ich sie sonst gekannt –
Still, geh vorbei und weck sie nicht!

Und wenn es dunkelt das Tal entlang,
Streift sie die Saiten sacht,
Da gibt's einen wunderbaren Klang
Durch den Garten die ganze Nacht.

An meinen Bruder

Du weißt's, dort in den Bäumen
Schlummert ein Zauberbann,
Und nachts oft, wie in Träumen,
Fängt der Garten zu singen an.

Nachts durch die stille Runde
Weht's manchmal bis zu mir,
Da ruf ich aus Herzensgrunde,
O Bruderherz, nach dir.

So fremde sind die andern,
Mir graut im fremden Land,
Wir wollen zusammen wandern,
Reich treulich mir die Hand!

Wir wollen zusammen ziehen,
Bis daß wir wandermüd
Auf des Vaters Grabe knien
Bei dem alten Zauberlied.

In der Fremde

Ich hör die Bächlein rauschen
Im Walde her und hin,
Im Walde in dem Rauschen
Ich weiß nicht, wo ich bin.

Die Nachtigallen schlagen
Hier in der Einsamkeit,
Als wollten sie was sagen
Von der alten, schönen Zeit.

Die Mondesschimmer fliegen,
Als säh ich unter mir
Das Schloß im Tale liegen,
Und ist doch so weit von hier!

Als müßte in dem Garten
Voll Rosen weiß und rot
Meine Liebste auf mich warten,
Und ist doch lange tot.

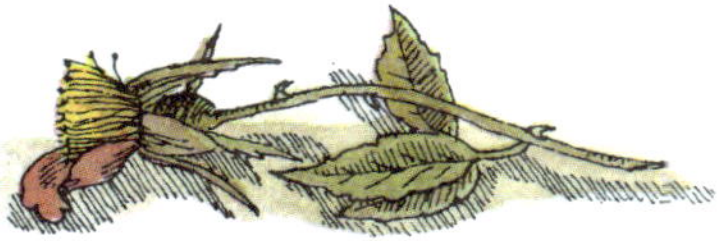

Die Nachtigallen

Möcht wissen, was sie schlagen
So schön bei der Nacht,
's ist in der Welt ja doch niemand,
Der mit ihnen wacht.

Und die Wolken, die reisen,
Und das Land ist so blaß,
Und die Nacht wandert leise
Durch den Wald übers Gras.

Nacht, Wolken, wohin sie gehen,
Ich weiß es recht gut,
Liegt ein Grund hinter den Höhen,
Wo meine Liebste jetzt ruht.

Zieht der Einsiedel sein Glöcklein,
Sie höret es nicht,
Es fallen ihr die Löcklein
Übers ganze Gesicht.

Und daß sie niemand erschrecket,
Der liebe Gott hat sie hier
Ganz mit Mondschein bedecket,
Da träumt sie von mir.

Das zerbrochene Ringlein

In einem kühlen Grunde,
Da geht ein Mühlenrad,
Mein' Liebste ist verschwunden,
Die dort gewohnet hat.

Sie hat mir Treu' versprochen,
Gab mir ein'n Ring dabei,
Sie hat die Treu' gebrochen,
Mein Ringlein sprang entzwei.

Ich möcht als Spielmann reisen
Weit in die Welt hinaus
Und singen meine Weisen
Und gehn von Haus zu Haus.

Ich möcht als Reiter fliegen
Wohl in die blut'ge Schlacht,
Um stille Feuer liegen
Im Feld bei dunkler Nacht.

Hör ich das Mühlrad gehen:
Ich weiß nicht, was ich will –
Ich möcht am liebsten sterben,
Da wär's auf einmal still!

Die falsche Schwester

Meine Schwester, die spielt' an der Linde –
Stille Zeit, wie so weit, so weit!
Da spielten so schöne Kinder
Mit ihr in der Einsamkeit.

Von ihren Locken verhangen,
Schlief sie und lachte im Traum,
Und die schönen Kinder sangen
Die ganze Nacht unterm Baum.

Die ganze Nacht hat gelogen,
Sie hat mich so falsch gegrüßt,
Die Engel sind fortgeflogen,
Und Haus und Garten stehn wüst.

Es zittert die alte Linde
Und klaget der Wind so schwer,
Das macht, das macht die Sünde –
Ich wollt, ich läg im Meer!

Die Sonne ist untergegangen
Und der Mond im tiefen Meer,
Es dunkelt schon über dem Lande,
Gute Nacht! Seh dich nimmermehr!

Waldgespräch

Es ist schon spät, es wird schon kalt,
Was reit'st du einsam durch den Wald?
Der Wald ist lang, du bist allein,
Du schöne Braut! Ich führ dich heim!

„Groß ist der Männer Trug und List,
Vor Schmerz mein Herz gebrochen ist,
Wohl irrt das Waldhorn her und hin,
O flieh! Du weißt nicht, wer ich bin."

So reich geschmückt ist Roß und Weib,
So wunderschön der junge Leib,
Jetzt kenn ich dich – Gott steh mir bei!
Du bist die Hexe Lorelei.

„Du kennst mich wohl – von hohem Stein
Schaut still mein Schloß tief in den Rhein.
Es ist schon spät, es wird schon kalt,
Kommst nimmermehr aus diesem Wald!"

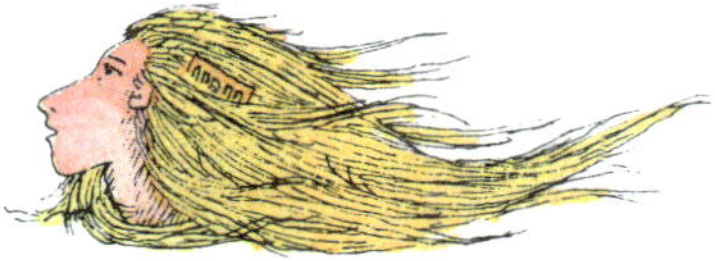

Auf einer Burg

Eingeschlafen auf der Lauer
Oben ist der alte Ritter;
Drüber gehen Regenschauer,
Und der Wald rauscht durch das Gitter.

Eingewachsen Bart und Haare
Und versteinert Brust und Krause,
Sitzt er viele hundert Jahre
Oben in der stillen Klause.

Draußen ist es still und friedlich,
Alle sind ins Tal gezogen,
Waldesvögel einsam singen
In den leeren Fensterbogen.

Eine Hochzeit fährt da unten
Auf dem Rhein im Sonnenscheine,
Musikanten spielen munter,
Und die schöne Braut, die weinet.

Bei Halle

Da steht eine Burg überm Tale
Und schaut in den Strom hinein,
Das ist die fröhliche Saale,
Das ist der Giebichenstein.

Da hab ich so oft gestanden,
Es blühten Täler und Höhn,
Und seitdem in allen Landen
Sah ich nimmer die Welt so schön!

Durchs Grün da Gesänge schallten,
Von Rossen, zu Lust und Streit,
Schauten viel schlanke Gestalten
Gleichwie in der Ritterzeit.

Wir waren die fahrenden Ritter,
Eine Burg war noch jedes Haus,
Es schaute durchs Blumengitter
Manch schönes Fräulein heraus.

Das Fräulein ist alt geworden,
Und unter Philistern umher
Zerstreut ist der Ritterorden,
Kennt keiner den andern mehr.

Auf dem verfallenen Schlosse,
Wie der Burggeist, halb im Traum,
Steh ich jetzt ohne Genossen
Und kenne die Gegend kaum.

Und Lieder und Lust und Schmerzen,
Wie liegen sie nun so weit –
O Jugend, wie tut im Herzen
Mir deine Schönheit so leid.

Es waren zwei junge Grafen

Es waren zwei junge Grafen
Verliebt bis in den Tod,
Die konnten nicht ruhn noch schlafen
Bis an den Morgen rot.

O trau den zwei Gesellen,
Mein Liebchen, nimmermehr,
Die gehn wie Wind und Wellen,
Gott weiß: wohin, woher. –

Wir grüßen Land und Sterne
Mit wunderbarem Klang,
Und wer uns spürt von ferne,
Dem wird so wohl und bang.

Wir haben wohl hienieden
Kein Haus an keinem Ort,
Es reisen die Gedanken
Zur Heimat ewig fort.

Wie eines Stromes Dringen
Geht unser Lebenslauf,
Gesanges Macht und Ringen
Tut helle Augen auf.

Und Ufer, Wolkenflügel,
Die Liebe hoch und mild –
Es wird in diesem Spiegel
Die ganze Welt zum Bild.

Dich rührt die frische Helle,
Das Rauschen heimlich kühl,
Das lockt dich zu der Welle,
Weil's draußen leer und schwül.

Doch wolle nie dir halten
Der Bilder Wunder fest,
Tot wird ihr freies Walten,
Hältst du es weltlich fest.

Kein Bett darf er hier finden
Wohl in den Tälern schön
Siehst du sein Gold sich winden,
Dann plötzlich meerwärts drehn.

Abschied

O Täler weit, o Höhen,
O schöner, grüner Wald,
Du meiner Lust und Wehen
Andächt'ger Aufenthalt!
Da draußen, stets betrogen,
Saust die geschäft'ge Welt,
Schlag noch einmal die Bogen
Um mich, du grünes Zelt!

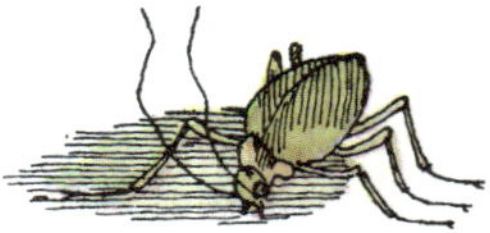

Wenn es beginnt zu tagen,
Die Erde dampft und blinkt,
Die Vögel lustig schlagen,
Daß dir dein Herz erklingt:
Da mag vergehn, verwehen
Das trübe Erdenleid,
Da sollst du auferstehen
In junger Herrlichkeit!

Da steht im Wald geschrieben
Ein stilles, ernstes Wort
Von rechtem Tun und Lieben,
Und was des Menschen Hort.
Ich habe treu gelesen
Die Worte schlicht und wahr,
Und durch mein ganzes Wesen
Ward's unaussprechlich klar.

Bald werd ich dich verlassen,
Fremd in der Fremde gehn,
Auf buntbewegten Gassen
Des Lebens Schauspiel sehn;

Und mitten in dem Leben
Wird deines Ernsts Gewalt
Mich Einsamen erheben,
So wird mein Herz nicht alt.

Heimweh

Wer in die Fremde will wandern,
Der muß mit der Liebsten gehn,
Es jubeln und lassen die andern
Den Fremden alleine stehn.

Was wisset ihr, dunkele Wipfel,
Von der alten, schönen Zeit?
Ach, die Heimat hinter den Gipfeln,
Wie liegt sie von hier so weit!

Am liebsten betracht ich die Sterne,
Die schienen, wie ich ging zu ihr,
Die Nachtigall hör ich so gerne,
Sie sang vor der Liebsten Tür.

Der Morgen, das ist meine Freude!
Da steig ich in stiller Stund'
Auf den höchsten Berg in die Weite,
Grüß dich, Deutschland, aus Herzensgrund!

Sehnsucht

Es schienen so golden die Sterne,
Am Fenster ich einsam stand
Und hörte aus weiter Ferne
Ein Posthorn im stillen Land.
Das Herz mir im Leib entbrennte,
Da hab ich mir heimlich gedacht:
Ach, wer da mitreisen könnte
In der prächtigen Sommernacht!

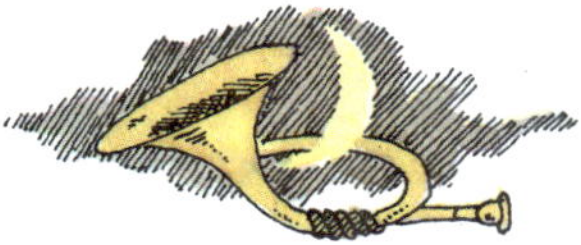

Zwei junge Gesellen gingen
Vorüber am Bergeshang,
Ich hörte im Wandern sie singen
Die stille Gegend entlang:
Von schwindelnden Felsenschlüften,
Wo die Wälder rauschen so sacht,
Von Quellen, die von den Klüften
Sich stürzen in die Waldesnacht.

Sie sangen von Marmorbildern,
Von Gärten, die überm Gestein
In dämmernden Lauben verwildern,
Palästen im Mondenschein,

Wo die Mädchen am Fenster lauschen,
Wann der Lauten Klang erwacht
Und die Brunnen verschlafen rauschen
In der prächtigen Sommernacht.

Schöne Fremde

Es rauschen die Wipfel und schauern,
Als machten zu dieser Stund'
Um die halbversunkenen Mauern
Die alten Götter die Rund'.

Hier hinter den Myrtenbäumen
In heimlich dämmernder Pracht,
Was sprichst du wirr wie in Träumen
Zu mir, phantastische Nacht?

Es funkeln auf mich alle Sterne
Mit glühendem Liebesblick,
Es redet trunken die Ferne
Wie von künftigem, großem Glück!

Der frohe Wandersmann

Wem Gott will rechte Gunst erweisen,
Den schickt er in die weite Welt;
Dem will er seine Wunder weisen
In Berg und Wald und Strom und Feld.

Die Trägen, die zu Hause liegen,
Erquicket nicht das Morgenrot,
Sie wissen nur von Kinderwiegen,
Von Sorgen, Last und Not um Brot.

Die Bächlein von den Bergen springen,
Die Lerchen schwirren hoch vor Lust,
Was sollt ich nicht mit ihnen singen
Aus voller Kehl' und frischer Brust?

Den lieben Gott laß ich nur walten;
Der Bächlein, Lerchen, Wald und Feld
Und Erd und Himmel will erhalten,
Hat auch mein' Sach' aufs best' bestellt!

Allgemeines Wandern

Vom Grund bis zu den Gipfeln,
So weit man sehen kann,
Jetzt blüht's in allen Wipfeln,
Nun geht das Wandern an:

Die Quellen von den Klüften,
Die Ström' auf grünem Plan,
Die Lerchen hoch in Lüften,
Der Dichter frisch voran.

Und die im Tal verderben
In trüber Sorgen Haft,
Er möcht sie alle werben
Zu dieser Wanderschaft.

Und von den Bergen nieder
Erschallt sein Lied ins Tal,
Und die zerstreuten Brüder
Faßt Heimweh allzumal

Da wird die Welt so munter
Und nimmt die Reiseschuh',
Sein Liebchen mitten drunter,
Die nickt ihm heimlich zu.

Und über Felsenwände
Und auf dem grünen Plan,
Das wirrt und jauchzt ohn' Ende –
Nun geht das Wandern an!

Lustige Musikanten

Der Wald, der Wald! daß Gott ihn grün erhalt,
Gibt gut Quartier und nimmt doch nichts dafür.

Zum grünen Wald wir Herberg' halten,
Denn Hoffart ist nicht unser Ziel,
Im Wirtshaus, wo wir nicht bezahlten,
Es war der Ehre gar zu viel.
Der Wirt, er wollt uns gar nicht lassen,
Sie ließen Kann' und Kartenspiel,
Die ganze Stadt war in den Gassen,
Und von den Bänken mit Gebraus
Stürzt' die Schule heraus,
Wuchs der Haufe von Haus zu Haus,
Schwenkt' die Mützen und jubelt' und wogt',
Der Hatschier, die Stadtwacht, der Bettelvogt,
Wie wenn ein Prinz zieht auf die Freit',
Gab alles, alles uns fürstlich Geleit.
Wir aber schlugen den Markt hinab
Uns durch die Leut' mit dem Wanderstab
Und hoch mit dem Tamburin, daß es schallt' –

Zum Wald, zum Wald, zum schönen, grünen Wald!

Und da nun alle schlafen gingen,
Der Wald steckt' seine Irrlicht' an,
Die Frösche tapfer Ständchen bringen,
Die Fledermaus schwirrt leis voran,
Und in dem Fluß auf feuchtem Steine
Gähnt laut der alte Wassermann,
Strählt sich den Bart im Mondenscheine
Und fragt ein Irrlicht, wer wir sind.
Das aber duckt sich geschwind;
Denn über ihn weg im Wind
Durch die Wipfel der wilde Jäger geht,
Und auf dem alten Turm sich dreht
Und kräht der Wetterhahn uns nach:
Ob wir nicht einkehrn unter sein Dach?
O Gockel, verfallen ist ja dein Haus,
Es sieht die Eule zum Fenster heraus,
Und aus allen Toren rauschet der Wald,

Der Wald, der Wald, der schöne, grüne Wald!

Und wenn wir müd einst, sehn wir blinken
Eine goldne Stadt still überm Land,
Am Tor Sankt Peter schon tut winken:
„Nur hier herein, Herr Musikant!“
Die Engel von den Zinnen fragen,
Und wie sie uns erst recht erkannt,
Sie gleich die silbernen Pauken schlagen,
Sankt Peter selbst die Becken schwenkt,
Und voll Geigen hängt
Der Himmel, Cäcilia an zu streichen fängt,
Dazwischen Hoch vivat! daß es prasselt und pufft,
Werfen die andern vom Wall in die Luft
Sternschnuppen, Kometen,
Gar prächt'ge Raketen,
Versengen Sankt Peter den Bart, daß er lacht,
Und wir ziehen heim, schöner Wald, gute Nacht!

Rückkehr

Wer steht hier draußen? – Macht auf geschwind!
Schon funkelt das Feld wie geschliffen,
Es ist der lustige Morgenwind,
Der kommt durch den Wald gepfiffen.

Ein Wandervöglein, die Wolken und ich,
Wir reisten um die Wette,
Und jedes dacht: Nun spute dich,
Wir treffen sie noch im Bette!

Da sind wir nun, jetzt alle heraus,
Die drin noch Küsse tauschen!
Wir brechen sonst mit der Tür ins Haus:
Klang, Duft und Waldesrauschen.

Ich komme aus Italien fern
Und will euch alles berichten,
Vom Berg Vesuv und Romas Stern
Die alten Wundergeschichten.

Da singt eine Fei auf blauem Meer,
Die Myrten trunken lauschen –
Mir aber gefällt doch nichts so sehr
Als das deutsche Waldesrauschen!

Die Nacht

Wie schön, hier zu verträumen
Die Nacht im stillen Wald,
Wenn in den dunklen Bäumen
Das alte Märchen hallt.

Die Berg' im Mondesschimmer
Wie in Gedanken stehn,
Und durch verworrne Trümmer
Die Quellen klagend gehn.

Denn müd ging auf den Matten
Die Schönheit nun zur Ruh',
Es deckt mit kühlen Schatten
Die Nacht das Liebchen zu.

Das ist das irre Klagen
In stiller Waldespracht,
Die Nachtigallen schlagen
Von ihr die ganze Nacht.

Die Stern' gehn auf und nieder –
Wann kommst du, Morgenwind,
Und hebst die Schatten wieder
Von dem verträumten Kind?

Schon rührt sich's in den Bäumen.
Die Lerche weckt sie bald –
So will ich treu verträumen
Die Nacht im stillen Wald.

Nachts

Ich wandre durch die stille Nacht,
Da schleicht der Mond so heimlich sacht
Oft aus der dunklen Wolkenhülle,
Und hin und her im Tal
Erwacht die Nachtigall,
Dann wieder alles grau und stille.

O wunderbarer Nachtgesang:
Von fern im Land der Ströme Gang,
Leis Schauern in den dunklen Bäumen –
Wirrst die Gedanken mir,
Mein irres Singen hier
Ist wie ein Rufen nur aus Träumen.

Zwielicht

Dämmrung will die Flügel spreiten,
Schaurig rühren sich die Bäume,
Wolken ziehn wie schwere Träume –
Was will dieses Graun bedeuten?

Hast ein Reh du lieb vor andern,
Laß es nicht alleine grasen,
Jäger ziehn im Wald und blasen,
Stimmen hin und wieder wandern.

Hast du einen Freund hienieden,
Trau ihm nicht zu dieser Stunde,
Freundlich wohl mit Aug' und Munde,
Sinnt er Krieg im tück'schen Frieden.

Was heut müde gehet unter,
Hebt sich morgen neugeboren.
Manches bleibt in Nacht verloren –
Hüte dich, bleib wach und munter!

Der Tiroler Nachtwache

1810

In stiller Bucht, bei finstrer Nacht,
Schläft tief die Welt im Grunde,
Die Berge rings stehn auf der Wacht,
Der Himmel macht die Runde,
Geht um und um,
Ums Land herum
Mit seinen goldnen Scharen,
Die Frommen zu bewahren.

Kommt nur heran mit eurer List,
Mit Leitern, Strick und Banden,
Der Herr doch noch viel stärker ist,
Macht euren Witz zuschanden.
Wie wart ihr klug! –
Nun schwindelt Trug
Hinab vom Felsenrande –
Wie seid ihr dumm! o Schande!

Gleichwie die Stämme in dem Wald
Wolln wir zusammenhalten,
Ein' feste Burg, Trutz der Gewalt,
Verbleiben treu die alten.
Steig, Sonne, schön!
Wirf von den Höhn
Nacht und die mit ihr kamen
Hinab in Gottes Namen.

Nachtfeier

1810

Decket Schlaf die weite Runde,
Muß ich oft am Fenster lauschen,
Wie die Ströme unten rauschen,
Räder sausen kühl im Grunde,
Und mir ist so wohl zur Stunde;
Denn hinab vom Felsenrande
Spür ich Freiheit, uralt Sehnen,
Fromm zerbrechend alle Bande,
Über Wälder, Strom und Lande
Keck die großen Flügel dehnen.

Was je Großes brach die Schranken,
Seh ich durch die Stille gehen,
Helden auf den Wolken stehen,
Ernsten Blickes, ohne Wanken,
Und es wollen die Gedanken
Mit den guten Alten hausen,
Sich in ihr Gespräch vermischen,
Das da kommt in Waldesbrausen.

Manchem füllt's die Brust mit Grausen,
Mich soll's laben und erfrischen!

Tag und Regung war entflohen,
Übern See nur kam Geläute
Durch die monderhellte Weite,
Und rings brannten auf den hohen
Alpen still die bleichen Lohen,
Ew'ge Wächter echter Weihe,
Als, erhoben vom Verderben
Und vom Jammer, da die dreie
Einsam traten in das Freie,
Frei zu leben und zu sterben.

Und so wachen heute viele
Einsam über ihrem Kummer;
Unerquickt von falschem Schlummer,
Aus des Wechsels wildem Spiele
Schauend fromm nach *einem* Ziele.
Durch die öde, stumme Leere
Fühl ich mich euch still verbündet;
Ob der Tag das Recht verkehre,
Ewig strahlt der Stern der Ehre,
Kühn in heil'ger Nacht entzündet.

Der Jäger Abschied

Wer hat dich, du schöner Wald,
Aufgebaut so hoch da droben?
Wohl den Meister will ich loben,
Solang noch mein' Stimm' erschallt.
Lebe wohl,
Lebe wohl, du schöner Wald!

Tief die Welt verworren schallt,
Oben einsam Rehe grasen,
Und wir ziehen fort und blasen,
Daß es tausendfach verhallt:
Lebe wohl,
Lebe wohl, du schöner Wald!

Banner, der so kühle wallt!
Unter deinen grünen Wogen
Hast du treu uns auferzogen,
Frommer Sagen Aufenthalt!
Lebe wohl,
Lebe wohl, du schöner Wald!

Was wir still gelobt im Wald,
Wollen's draußen ehrlich halten,
Ewig bleiben treu die alten:
Deutsch Panier, das rauschend wallt,
Lebe wohl,
Schirm dich Gott, du schöner Wald!

Entschluß

Gebannt im stillen Kreise sanfter Hügel,
Schlingt sich ein Strom von ewig gleichen Tagen,
Da mag die Brust nicht nach der Ferne fragen,
Und lächelnd senkt die Sehnsucht ihre Flügel.

Viel andre stehen kühn im Rossesbügel,
Des Lebens höchste Güter zu erjagen,
Und was sie wünschen, müssen sie erst wagen,
Ein strenger Geist regiert des Rosses Zügel. –

Was singt ihr lockend so, ihr stillen Matten,
Du Heimat mit den Regenbogenbrücken,
Ihr heitern Bilder, harmlos bunte Spiele?

Mich faßt der Sturm, wild ringen Licht und Schatten,
Durch Wolkenriß bricht flammendes Entzücken –
Nur zu, mein Roß! Wir finden noch zum Ziele!

An die Lützowschen Jäger

Wunderliche Spießgesellen,
Denkt ihr noch an mich,
Wie wir an der Elbe Wellen
Lagen brüderlich?

Wie wir in des Spreewalds Hallen,
Schauer in der Brust,
Hell die Hörner ließen schallen
So zu Schreck wie Lust?

Mancher mußte da hinunter
Unter den Rasen grün,
Und der Krieg und Frühling munter
Gingen über ihn.

Wo wir ruhen, wo wir wohnen:
Jener Waldeshort
Rauscht mit seinen grünen Kronen
Durch mein Leben fort.

Waffenstillstand der Nacht

Windsgleich kommt der wilde Krieg geritten,
Durch das Grün der Tod ihm nachgeschritten,
Manch Gespenst steht sinnend auf dem Feld,
Und der Sommer schüttelt sich vor Grausen,
Läßt die Blätter, schließt die grünen Klausen,
Ab sich wendend von der blut'gen Welt.

Prächtig war die Nacht nun aufgegangen,
Hatte alle mütterlich umfangen,
Freund und Feind mit leisem Friedenskuß,
Und, als wollt der Herr vom Himmel steigen,
Hört ich wieder durch das tiefe Schweigen
Rings der Wälder feierlichen Gruß.

Der Friedensbote

Schlaf ein, mein Liebchen, schlaf ein,
Leis durch die Blumen am Gitter
Säuselt des Laubes Gezitter,
Rauschen die Quellen herein;
Gesenkt auf den schneeweißen Arm,
Schlaf ein, mein Liebchen, schlaf ein,
Wie atmest du lieblich und warm!

Aus dem Kriege kommen wir heim;
In stürmischer Nacht und Regen,
Wenn ich auf der Lauer gelegen,
Wie dachte ich dorten dein!
Gott stand in der Not uns bei,
Nun droben, bei Mondenschein,
Schlaf ruhig, das Land ist ja frei!

In C. S … Stammbuch

Dezember 1814

In verhängnisschweren Stunden,
Streitend für das Vaterland,
Haben wir uns brüderlich gefunden,
In der Menge still erkannt.

Sieh! Es ruhet nun der Degen,
Und die hohe Brandung fällt,
Sich verlaufend auf den alten Wegen,
Und langweilig wird die Welt.

Doch der Ernst der heil'gen Stunden
Waltet fort in mancher Brust,
Und was sich wahrhaftig hat verbunden,
Bleibt gesellt in Not und Lust.

Unsichtbar geschwungne Brücken
Halten Lieb' und Lieb' vereint,
Und in allen hellen Lebensblicken
Grüß ich fern den lieben Freund.

Und so mag der Herr dich segnen!
Frische Fahrt durchs Leben wild,
Gleichen Sinn und freudiges Begegnen,
Wo es immer Hohes gilt!

Unmut

O Herbst! betrübt verhüllst du
Strom, Wald und Blumenlust,
Erbleichte Flur, wie füllst du
Mit Sehnsucht nun die Brust!

Weit hinter diesen Höhen,
Die hier mich eng umstellt,
Hör ich eratmend gehen
Den großen Strom der Welt.

In lichtem Glanze wandelt
Der Helden heil'ger Mut,
Es steigt das Land verwandelt
Aus seiner Söhne Blut.

Auch mich füllt' männlich Trauern,
Wie euch, bei Deutschlands Wehn –
Und muß in Sehnsuchtsschauern
Hier ruhmlos untergehn!

Im Herbst

Der Wald wird falb, die Blätter fallen,
Wie öd und still der Raum!
Die Bächlein nur gehn durch die Buchenhallen,
Lind rauschend wie im Traum,
Und Abendglocken schallen
Fern von des Waldes Saum.

Was wollt ihr mich so wild verlocken
In dieser Einsamkeit?
Wie in der Heimat klingen diese Glocken
Aus stiller Kinderzeit –
Ich wende mich erschrocken,
Ach, was mich liebt, ist weit!

So brecht hervor nur, alte Lieder,
Und brecht das Herz mir ab!
Noch einmal grüß ich aus der Ferne wieder,
Was ich nur Liebes hab,
Mich aber zieht es nieder
Vor Wehmut wie ins Grab.

Herbstweh

So still in den Feldern allen,
Der Garten ist lange verblüht,
Man hört nur flüsternd die Blätter fallen,
Die Erde schläfert – ich bin so müd.

Vorbei

Das ist der alte Baum nicht mehr,
Der damals hier gestanden,
Auf dem ich gesessen im Blütenmeer
Über den sonnigen Landen.

Das ist der Wald nicht mehr, der sacht
Vom Berge rauschte nieder,
Wenn ich vom Liebchen ritt bei Nacht,
Das Herz voll neuer Lieder.

Das ist nicht mehr das tiefe Tal
Mit den grasenden Rehen,
In das wir nachts vieltausendmal
Zusammen hinausgesehen.

Es ist der Baum noch, Tal und Wald.
Die Welt ist jung geblieben,
Du aber wurdest seitdem alt,
Vorbei ist das schöne Lieben.

Auf dem Schwedenberge

Da hoben bunt und bunter
Sich Zelte in die Luft,
Und Fähnlein wehten munter
Herunter von der Kluft.

Und um die leichten Tische,
An jenem Bächlein klar,
Saß in der kühlen Frische
Der lust'gen Reiter Schar.

Eilt' durch die rüst'gen Zecher
Die Marketenderin,
Reicht' flüchtig ihre Becher,
Nimmt flücht'ge Küsse hin.

Da war ein Toben, Lachen,
Weit in den Wald hinein,
Die Trommel ging, es brachen
Die lust'gen Pfeifen drein.

Durch die verworrnen Klänge
Stürmt' fort manch wilde Brust,
Da schallten noch Gesänge
Von Freiheit und von Lust.

Fort ist das bunte Toben,
Verklungen Sang und Klang,
Und stille ist's hier oben
Viel hundert Jahre lang.

Du Wald, so dunkelschaurig,
Waldhorn, du Jägerlust!
Wie lustig und wie traurig
Rührst du mir an die Brust!

Zum Abschied

Der Herbstwind schüttelt die Linde,
Wie geht die Welt so geschwinde!
Halte dein Kindlein warm.
Der Sommer ist hingefahren,
Da wir zusammen waren –
Ach, die sich lieben, wie arm!

Wie arm, die sich lieben und scheiden!
Das haben erfahren wir beiden,
Mir graut vor dem stillen Haus.
Dein Tüchlein noch läßt du wehen,
Ich kann's vor Tränen kaum sehen,
Schau still in die Gasse hinaus.

Die Gassen schauen noch nächtig,
Es rasselt der Wagen bedächtig –
Nun plötzlich rascher der Trott
Durchs Tor in die Stille der Felder,
Da grüßen so mutig die Wälder,
Lieb Töchterlein, fahre mit Gott!

Memento mori

Schnapp Austern, Dukaten,
Mußt dennoch sterben!
Dann tafeln die Maden
Und lachen die Erben.

Der irre Spielmann

Aus stiller Kindheit unschuldiger Hut
Trieb mich der tolle, frevelnde Mut.
Seit ich da draußen so frei nun bin,
Find ich nicht wieder nach Hause mich hin.

Durchs Leben jag ich manch trüg'risch Bild,
Wer ist der Jäger da? Wer ist das Wild?
Es pfeift der Wind mir schneidend durchs Haar,
Ach Welt, wie bist du so kalt und klar!

Du frommes Kindlein im stillen Haus,
Schau nicht so lüstern zum Fenster hinaus!
Frag mich nicht, Kindlein, woher und wohin?
Weiß ich doch selber nicht, wo ich bin!

Von Sünde und Reue zerrissen die Brust,
Wie rasend in verzweifelter Lust,
Brech ich im Fluge mir Blumen zum Strauß,
Wird doch kein fröhlicher Kranz daraus! –

Ich möcht in den tiefsten Wald wohl hinein,
Recht aus der Brust den Jammer zu schrein,
Ich möchte reiten ans Ende der Welt,
Wo der Mond und die Sonne hinunterfällt.

Wo schwindelnd beginnt die Ewigkeit,
Wie ein Meer, so erschrecklich still und weit,
Da sinken all' Ström' und Segel hinein,
Da wird es wohl endlich auch ruhig sein.

Wahl

Der Tanz, der ist zerstoben,
Die Musik ist verhallt,
Nun kreisen Sterne droben,
Zum Reigen singt der Wald.

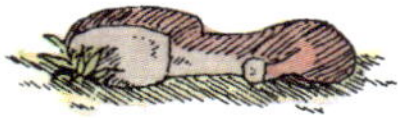

Sind alle fortgezogen,
Wie ist's nun leer und tot!
Du rufst vom Fensterbogen:
„Wann kommt das Morgenrot!"

Mein Herz möcht mir zerspringen,
Darum so wein ich nicht,
Darum so muß ich singen,
Bis daß der Tag anbricht.

Eh es beginnt zu tagen:
Der Strom geht still und breit,
Die Nachtigallen schlagen,
Mein Herz wird mir so weit!

Du trägst so rote Rosen,
Du schaust so freudenreich,
Du kannst so fröhlich kosen,
Was stehst du still und bleich?

Und laß sie gehn und treiben
Und wieder nüchtern sein,
Ich will wohl bei dir bleiben!
Ich will dein Liebster sein!

Frühlingsklage

Ach, was frommt das Wehen, Sprossen
In der schönen Frühlingszeit:
Ist des Liedes Born verschlossen
Und der Seele Freudigkeit,
Die erst Blüten bringt den Sprossen
Und den Frühling in die Zeit.

Gib den alten Frieden wieder,
In der Brust den Sonnenschein,
Gib die Laute mir und Lieder,
Dann laß blühen oder schnein,
Selbst weck ich den Lenz mir wieder,
Sollt es auch der letzte sein!

Der Kranke

Soll ich dich denn nun verlassen,
Erde, heitres Vaterhaus?
Herzlich Lieben, mutig Hassen,
Ist denn alles, alles aus?

Vor dem Fenster durch die Linden
Spielt es wie ein linder Gruß,
Lüfte, wollt ihr mir verkünden,
Daß ich bald hinunter muß?

Liebe, ferne, blaue Hügel,
Stiller Fluß im Talesgrün,
Ach, wie oft wünscht ich mir Flügel,
Über euch hinwegzuziehn!

Da sich jetzt die Flügel dehnen,
Schaur' ich in mich selbst zurück,
Und ein unbeschreiblich Sehnen
Zieht mich zu der Welt zurück.

Mittagsruh'

Über Bergen, Fluß und Talen,
Stiller Lust und tiefen Qualen
Webet heimlich, schillert, Strahlen!
Sinnend ruht des Tags Gewühle
In der dunkelblauen Schwüle,
Und die ewigen Gefühle,

Was dir selber unbewußt,
Treten heimlich groß und leise
Aus der Wirrung fester Gleise,
Aus der unbewachten Brust
In die stillen, weiten Kreise.

Im Abendrot

Wir sind durch Not und Freude
Gegangen Hand in Hand,
Vom Wandern ruhn wir beide
Nun überm stillen Land.

Rings sich die Täler neigen,
Es dunkelt schon die Luft,
Zwei Lerchen nur noch steigen
Nachträumend in den Duft.

Tritt her, und laß sie schwirren,
Bald ist es Schlafenszeit,
Daß wir uns nicht verirren
In dieser Einsamkeit.

O weiter, stiller Friede!
So tief im Abendrot
Wie sind wir wandermüde –
Ist das etwa der Tod?

Mondnacht

Es war, als hätt der Himmel
Die Erde still geküßt,
Daß sie im Blütenschimmer
Von ihm nun träumen müßt.

Die Luft ging durch die Felder,
Die Ähren wogten sacht,
Es rauschten leis die Wälder,
So sternklar war die Nacht.

Und meine Seele spannte
Weit ihre Flügel aus,
Flog durch die stillen Lande,
Als flöge sie nach Haus.

Inhalt

Inhalt